BILINGUAL CHINESE CLASSICS

我的第一本双语国学书

论语4 子路 宪问 卫灵公 季氏

丛书主编◎ 戴兆国　庄国欧

本册主编◎ 唐晓俐

中文朗读：黄思语　赵欣怡
英文朗读：谢林夕（全国英语演讲比赛一等奖）

安徽师范大学出版社
ANHUI NORMAL UNIVERSITY PRESS
· 芜湖 ·

图书在版编目（CIP）数据

论语.4 子路·宪问·卫灵公·季氏:汉英对照 / 戴兆国,庄国欧主编.— 芜湖:安徽师范大学出版社,2022.4

（我的第一本双语国学书）

ISBN 978-7-5676-5307-8

Ⅰ.①论… Ⅱ.①戴…②庄… Ⅲ.①《论语》–儿童读物–汉、英 Ⅳ.①B222.2-49

中国版本图书馆CIP数据核字（2021）第214403号

论语.4 子路·宪问·卫灵公·季氏：汉英对照

LUNYU.4 ZILU·XIANWEN·WEILINGGONG·JISHI：HANYING DUIZHAO

丛书主编◎戴兆国 庄国欧

本册主编◎唐晓俐

策划编辑：吴 琼 汪碧颖
责任编辑：吴 琼 责任校对：汪碧颖
装帧设计：张 玲 汤彬彬 责任印制：桑国磊
出版发行：安徽师范大学出版社
　　　　　芜湖市北京东路1号安徽师范大学赭山校区
网　　址：http://www.ahnupress.com/
发 行 部：0553-3883578 5910327 5910310（传真）
印　　刷：安徽联众印刷有限公司
版　　次：2022年4月第1版
印　　次：2022年4月第1次印刷
规　　格：700 mm×1000 mm 1/16
印　　张：13.25
字　　数：107千字
书　　号：ISBN 978-7-5676-5307-8
定　　价：39.80元

丛书编委会

丛书主编：戴兆国　　庄国欧

写给小朋友的话

小朋友们，《论语》主要记录了春秋时期一位伟大的思想家、教育家的言行。这个人名叫孔丘，后人尊称他"孔子"。从记录的称呼和口气上看，《论语》是孔子的弟子及其再传弟子编写而成的。

《论语》全书共20篇，每篇包括若干章节，总计512章，每篇的篇名是后人用那一篇的第一章开头两个字或三个字起的（因为"子曰"这两个字经常用在开头，所以除外）。书的内容涉及政治、教育、文学、哲学以及做人做事的道理等很多方面，我们应该认真学习加以领会，并且在生活中也这样去做。

本套丛书分为读一读、英译、译文和启示四大部分，并配以单词卡片和摹写训练，从听、读、写、思四个方面立体展现其内容，为读者们展开了全新的四维阅读方式：让小读者们在理解原文、学习古文、领悟经典的同时，还能够夯实英语基础，学习与"国学经典"密切相关的英语知识，更好地满足当下学习需求。

这套书一共有5本，《论语》中的每4篇集为一本。书中的有些内容，例如英文翻译，会有一定的难度。你有信心读懂吗？现在就让我们一起来挑战吧！

前　言

小朋友们,本册是这套丛书的第四册,即《论语》中的《子路》《宪问》《卫灵公》和《季氏》四篇。本书选取的若干章节短小精悍,言简意赅地道出了孔子在教育、礼节、仁德和孝道等多方面的思想。

我们可以通过阅读本册内容,一起领略孔子的为人之道、教学之方,改变既往对孔子和《论语》的刻板印象,以便重新认识孔子、重新认识《论语》。比如,孔子的教学方式并非枯燥乏味、长篇说教,而是生动有趣、相互启导。现在看来,即便时过境迁、时移世易,孔子与其弟子的对话依然鲜活而平实,而且体现了非常睿智的哲人思想。实际上,他就像我们的邻居老爷爷一样和蔼可亲、聪慧睿智。课堂上的他风趣幽默、聪敏机智,能把深刻的道理讲得通俗易懂。生活中的他平易近人、谦虚谨慎,与亲朋同事相处和谐融洽,对待街坊邻居和睦友好。

就编写体例而言,具体包括"读一读""英译""写一写""释义""启示""英语卡片""我会写"七个板块。此外,生僻字词已附注通俗性解释,重点英文单词已标注音标。

总之,本册内容丰富多彩,我们一起来探索学习吧。

目　录

子
路
十
三

　　小朋友们,《子路》是《论语》的第十三篇。这位名叫子路的人是孔子最喜爱和最亲密的学生之一。在子路的身上,最集中的优点就是他忠诚的优秀品质。孔子在这篇里虽然主要谈的是为政的思想,但通过孔门师生之间问政、论政的谈话,我们可以看到孔子实践教学的思想,也会给我们日常的生活学习带来一些启示呢!下面就让我们一起来听一听,读一读,写一写,别忘了学习英文哦!

读一读

zǐ lù wèn zhèng zǐ yuē xiān
子 路 问 政 。 子 曰 ：" 先 (引导，教化) 之 (老百姓)

láo zhī qǐng qǐng qiú yì zēng jiā yuē wú juàn bú yàn juàn bù
劳 之 。" 请 (请求) 益 (增加) 。 曰 ：" 无 倦 (不厌倦，不

sōng xiè
松 懈) 。"

英 译 ·

Zilu asked about the way of **governing**. The Master said,
"Take the lead, and then put the people to work."

Zilu asked him to **elaborate**. The Master said, "Do not **let
up** on your effort."

写一写

子路

子路问怎样管理政事。孔子说:"做在老百姓之前,使老百姓勤劳。"子路请求多讲一点。孔子说:"不要懈怠。"

小朋友们,假若你作为团队的带头人、"火车头"和"领头雁",你希望你的下属或者你的团队成员、小组成员做成什么样子,你就要先做出表率,带头做成什么样子,这就是榜样的力量,也叫以身作则。在大家都没有办法和失去方向的时候,你更要率先找到正确的方向,然后带着大家一起克服困难,不断向前。

英语卡片

govern	elaborate	let up
[ˈɡʌvn]	[ɪˈlæbərət]	停止,减弱
v.统治,控制	v.详尽阐述,详细描述	

govern

elaborate

let up

zhòng gōng wéi jì shì zǎi　wèn zhèng　zǐ yuē　xiān yǒu sī
仲弓为季氏宰,问政。子曰:"先有司(古

dài fù zé jù tǐ shì wù de guān lì　shè xiǎo guò　jǔ xián cái　yuē　yān
代负责具体事务的官吏),赦小过,举贤才。"曰:"焉

zhī xián cái ér jǔ zhī　yuē　jǔ ěr suǒ zhī　ěr suǒ bù zhī
知贤才而举之?"曰:"举尔所知,尔所不知,

rén qí shě zhū　zhī hū ér zì de hé yīn
人其舍诸("之乎"二字的合音)?"

英译

Zhonggong, after being appointed as a steward in the Ji family, asked about the way of governing. The Master said, "The first thing is to assemble your staff and to assign them to the right positions. Try to overlook their minor shortcomings. Promote those of outstanding talent."

"How can I recognize those of outstanding talent in order to promote them?"

The Master said, "Promote those you recognize to be outstanding. As for those that you miss, will other people let them slip by you?"

仲弓

　　仲弓做了季氏的家臣,问怎样管理政事。孔子说:"先责成手下负责具体事务的官吏,让他们各负其责,赦免他们的小过错,选拔贤才来任职。"仲弓又问:"怎样知道是贤才而把他们选拔出来呢?"孔子说:"选拔你所知道的,至于你不知道的贤才,别人难道还会埋没他们吗?"

　　小朋友们,在我们的学习生活中,有过让你推荐学生会成员或者开展某项活动的组织者这样的事情吗?孔子的这段话就可以给我们一些启示:推荐人,不但要有一双识得"德才兼备"的慧眼,还要有一颗公正的心,不能因为他人的过往经历等其他次要因素就打压他,要有"唯才是举"的心态。

英语卡片

steward	assemble	minor
['stju:əd]	[ə'sembl]	['maɪnə(r)]
n.统筹人	v.集合,聚集	adj.少数的

promote	recognize
[prə'məut]	['rekəg,naɪz]
v.促进,推动	v.认出,认识

steward

assemble

minor

promote

recognize

fán chí qǐng xué jià   zǐ yuē   wú bù rú lǎo nóng   qǐng xué
樊迟请学稼。子曰："吾不如老农。"请学

wéi pǔ（菜地，引申为种菜）。   yuē   wú bù rú lǎo pǔ   fán
为圃（菜地，引申为种菜）。曰："吾不如老圃。"樊

chí chū   zǐ yuē   xiǎo rén zāi   fán xū yě   shàng hào lǐ   zé
迟出。子曰："小人哉，樊须也！上好礼，则

mín mò gǎn bú jìng   shàng hào yì   zé mín mò gǎn bù fú   shàng hào
民莫敢不敬；上好义，则民莫敢不服；上好

xìn   zé mín mò gǎn bú yòng qíng（以真心实情来对待）。   fū rú
信，则民莫敢不用情（以真心实情来对待）。夫如

shì   zé sì fāng zhī mín qiǎng（背婴孩的背篓）fù qí zǐ ér zhì yǐ
是，则四方之民襁（背婴孩的背篓）负其子而至矣，

yān yòng jià
焉用稼？"

🌸 英译 ·

Fan Chi wanted to learn from his teacher how to grow grain crops. The Master said, "An old farmer would be a better person to ask." He wanted to learn how to grow vegetables. The Master said, "An old gardener would be a better person to ask."

After Fan Chi had left, the Master said, "What a simple-minded person Fan Chi is! If those above love the rites, then none of the common people will dare to be disrespectful. If those above love rightness, then none of the common people will dare to be disobedient. If those above love trustworthiness, then none of the common people will dare not to be **forthcoming** about the truth of things. When the governing **principle** of a place is like this, then people will **flock** to it from all directions with their babies **strapped** to their backs. What need is there to learn about growing grain crops?"

写一写

樊迟

樊迟向孔子请教如何种庄稼。孔子说:"我不如老农。"樊迟又请教如何种菜。孔子说:"我不如老菜农。"樊迟退出以后,孔子说:"樊迟真是小人。在上位者只要重视礼,老百姓就不敢不敬畏;在上位者只要重视义,老百姓就不敢不服从;在上位的人只要重视信,老百姓就不敢不用真心实情来对待你。要是做到这样,四面八方的老百姓就会背着自己的小孩来投奔,哪里用得着自己去种庄稼呢?"

启 示

孔子毫不客气地指责想学种庄稼和种菜的樊迟是小人,从这里可以清楚地看出他的教育思想。他认为,在上位的人哪里需要学习种庄稼、种菜之类的知识,只要重视礼、义、信也就足够了。在孔子时代,接受教育的人毕竟是少数,劳动者只要有充沛的体力就可以从事农业生产,而教育的目的,就是为了培养懂得仁义的知识分子。

forthcoming
[ˌfɔːθˈkʌmɪŋ]
adj. 即将到来的

principle
[ˈprɪnsɪpl]
n. 道德原则，
行为准则

flock
[flɒk]
v. 聚集，蜂拥

strap
[stræp]
v. 用带子系
好，包扎

我会写

forthcoming

principle

flock

strap

zǐ yuē　　sòng shī sān bǎi　shòu zhī yǐ zhèng　bù dá (通
子曰:"诵《诗》三百,授之以政,不达(通

dá　　　shǐ yú sì fāng　bù néng zhuān duì　dú lì duì dá　　suī duō　yì
"达");使于四方,不能专对(独立对答);虽多,亦

xī yǐ (yòng) wéi
奚以(用)为?"

The Master said, "A person may be able to **recite** *The Book of Songs*, but if he is unable to put this knowledge to full use when he is given a political **assignment**, or if he is unable to hold his own in a **diplomatic** exchange when he is sent abroad on a mission, no matter how many poems he has learned, what good will it do?"

子曰

释 义

孔子说："把《诗》三百篇背得很熟，让他处理政务，却不会办事；让他当外交使节，不能独立地办交涉。背得很多，又有什么用呢？"

启 示

诗，是孔子教授学生的主要内容之一。小朋友们，你们知道吗？孔子教学生诵诗，可不是单纯地为了诵诗，而是为了让他的学生能把诗中学到的思想运用到他们将来的政治活动中去呢！小朋友们，只要我们认真思考一下，就一定能听懂孔夫子在这段话里告诉我们的学习态度：学习千万不能死背硬记，只当书呆子，而是要做到学以致用，将学习到的知识应用到我们的生活实践中去，这样才能真正学习到知识。

英语卡片

recite	assignment	diplomatic
[rɪˈsaɪt]	[əˈsaɪnmənt]	[ˌdɪpləˈmætɪk]
v.背诵,列举	n.分配,(分派 的)工作	adj.灵活变通的, 圆通的

我会写

recite

assignment

diplomatic

zǐ yuē　　wú yù　　　sù　　wú jiàn xiǎo lì　　yù sù zé
子曰：“无欲（要求）速，无见小利。欲速则

bù dá　jiàn xiǎo lì　zé dà shì bù chéng
不达，见小利则大事不成。”

英译·

The Master said, "Don't try to rush things. Don't look to small **gains**. If you rush things, you won't reach your goal. If you look to small gains, you won't be able to **accomplish** the important tasks."

写一写

子	曰								

孔子说:"不要求快,不要贪求小利。求快反而达不到目的,贪求小利就做不成大事。"

启　示

"欲速则不达",贯穿着辩证法思想,即对立着的事物可以互相转化。孔子要求子夏从政不要急功近利,否则就无法达到目的;不要贪求小利,否则就做不成大事。小朋友们,孔子的这番话告诉我们:无论是工作还是学习,做人做事都应该从长远着想,不能急于求成,也不能因为小的利益花费太多的心思,要顾全大局,注重平时的积累,这样才会水到渠成,达成自己的目标。

英语卡片

gain	accomplish
[geɪn]	[əˈkʌmplɪʃ]
n.(尤指财富、重量的)增值,增加	v.完成

gain

accomplish

zǐ yuē　　jìn zhě yuè　　yuǎn zhě lái
子曰："近者悦，远者来（投奔）。"
tóu bèn

英 译

The Master replied, "See to it that those who are near are pleased, and those who are **far away** are **drawn** to it."

写一写

子	曰									

释 义

孔子说："使近处的人高兴，使远处的人来归附。"

近者悦，远者来。内政外交，一语囊括。近者悦是因为国力强盛，人民安居乐业，生活蒸蒸日上。远者来是因为声名远扬，外交辉煌。朱熹说得好："被其泽则悦，闻其风则来。然必近者悦，而后远者来也。"所以，首先是要为人民谋幸福，增强国力，使"近者悦"，那么自然会"远者来"。

英语卡片

drawn	far away
[drɔːn]	在远处
v. 画，描绘	

 我会写

drawn

far away

zǐ yuē　　yán bì xìn　xíng bì guǒ
子曰："言必信，行必果（果断，坚决），硁硁（敲
guǒ duàn jiān jué　　　　　　　kēng kēng
　　　　　　　　　　　　　　　　　　　　　qiāo

jī shí tóu de shēng yīn　zhè lǐ yǐn shēn wéi xiàng shí kuài nà yàng jiān yìng
击石头的声音，这里引申为像石块那样坚硬）然小人哉！"
　　　　　　　　　　　　　　　　　　　　　　rán xiǎo rén zāi

英译·

The Master said, "Men who **insist on** keeping their word and seeing their actions through to the end. They have little **pebbles** for brains and are **inferior** indeed. "

写一写

子曰

023

释 义

孔子说:"说到一定做到,做事一定坚持到底,不问是非地固执己见,那是小人啊。"

启 示

"士"是周代社会最底层的贵族,后来慢慢演变成了对知识分子的统称。在孔子的观念中,真正的"士"首先是能知耻,出使外国能不辱使命的人;其次是孝顺父母、顺从兄长的人;最后是"言必信,行必果"的人。"言必信,行必果",是数千年来我们一直倡导的诚信行为。

英语卡片

pebble	inferior	insist on
['pebl]	[m'fɪərɪə(r)]	坚持,强调
n.鹅卵石	adj.较差的,次的	

pebble

inferior

insist on

zǐ yuē bù dé zhōng xíng　　xíng wéi hé hū zhōng yōng　　ér yǔ zhī bì

子曰："不得中行（行为合乎中庸）而与之，必

yě kuáng juàn　jū jǐn，yǒu suǒ bù wéi　hū　kuáng zhě jìn qǔ　juàn zhě　yǒu

也狂狷（拘谨，有所不为）乎！狂者进取，狷者，有

suǒ bù wéi yě

所不为也。"

英译·

The Master said, "Not being able to be in the company of those who do not **swerve** from the right path, I must turn to the wildly spirited and the overly cautious.The wildly spirited **forge** ahead without reservation. The overly cautious **refrain** from doing certain things."

写一写

子 曰

释 义

　　孔子说："我找不到奉行中庸之道的人和他交往，只能与狂者、狷者交往了。狂者敢作敢为，狷者对有些事是不肯干的。"

启 示

　　"狂"与"狷"是两种对立的品质。前者是流于冒进，敢作敢为；后者是流于退缩，不敢作为。孔子认为，中行就是不偏于狂，也不偏于狷。人的气质、作风、德行不应偏于任何一个方面，对立的双方应互相牵制、互相补充，这样才符合中庸的思想。

swerve	forge	refrain
[swə:v]	[fɔ:dʒ]	[rɪˈfreɪn]
v.转向,急转弯	v.艰苦干成,努力加强	v.抑制,克制

我会写

swerve

forge

refrain

zǐ yuē　　nán rén yǒu yán yuē　　rén ér wú héng　bù kě yǐ
子曰："南人有言曰：'人而无恒，不可以

zuò wū yī （用卜筮为人治病的人）。'善夫！'不恒其德，
作巫医（用卜筮为人治病的人）。'善夫！'不恒其德，

huò chéng zhī xiū　　　zǐ yuē　　bù zhān （占卜）而已矣。"
或承之羞。'"子曰："不占（占卜）而已矣。"

英译

The Master said, "People from the south have a saying, 'A man lacking **constancy** will not make a shaman or a doctor.' Well put, is it not? 'The person who lacks constancy in upholding his **virtue** will be met with **disgrace**.'" The Master said, "It means that there is simply no point for him to have his fortune told."

写一写

子曰

释　义

　　孔子说："南方人有句话说：'人如果做事没有恒心，就不能当巫医。'这句话说得真好啊！'人不能长久地保存自己的德行，免不了要遭受耻辱。'"孔子说："（这句话是说，没有恒心的人）用不着去占卦了。"

启　示

　　本段中孔子讲了两层意思：一是人必须有恒心，这样才能成就事业。二是人必须恒久地保持德行，否则就可能遭受耻辱。这是他对自己的要求，也是对学生的告诫。

constancy	virtue	disgrace
[ˈkɔnstənsi]	[ˈvəːtʃuː]	[dɪsˈɡreɪs]
n.忠贞,忠诚	n.美德,高尚的道德	n.丢脸,耻辱

 我会写

constancy

virtue

disgrace

zǐ yuē jūn zǐ hé hé xié de pèi hé ér bù tóng xiāng tóng xiǎo
子曰："君子和(和谐地配合)而不同(相同)，小
rén tóng ér bù hé
人同而不和。"

英译·

The Master said, "The gentleman **harmonizes** without being an echo. The petty man **echoes** and does not harmonize."

写一写

子	曰								

孔子说:"君子讲求和谐而不同流合污,小人只求完全一致,而不讲求协调。"

小朋友们,孔子说的这段话告诉我们,"和"与"同"的意义包含了两个方面——对待他人和对待自己。对待他人呢,我们要敢于讲出自己的不同观点,敢于纠正别人的错误,不能人云亦云。对待自己呢,我们要善于听取别人的意见,改正自己的错误行为,并且不要强求别人和自己的观点一致。"和而不同"这个观点一直到今天,依然可以作为我们为人处世的准则,它告诉我们与朋友相处要有开放、包容的心态。只要遵照这个准则去做,我们就可以学会尊重,知错就改,不断成长,团结合作。

harmonize

[ˈhɑːmənaɪz]

v.(和某事物)协调,和谐

echo

[ˈekəʊ]

n.回响,回声

 我会写

harmonize

echo

zǐ gòng wèn yuē　　　xiāng rén jiē hào zhī　　hé rú　　　zǐ yuē
子贡问曰："乡人皆好之，何如？"子曰：

wèi kě yě　　　xiāng rén jiē wù zhī　　hé rú　　　zǐ yuē　　　wèi kě
"未可也。""乡人皆恶之，何如？"子曰："未可

yě　　bù rú xiāng rén zhī shàn zhě hào zhī　　qí bú shàn zhě wù zhī
也。不如乡人之善者好之，其不善者恶之。"

英译 ·

Zigong asked, "What would you think of a person if everyone in the **village** liked him?"

The Master said, "I still would not be able to tell one way or another about him."

"What would you think of a person if everyone in the village **disliked** him?"

"I still would not be able to tell one way or another about him. Better if the good people in his village liked him and the bad ones disliked him."

子 贡

　　子贡问孔子说："全乡人都喜欢、赞扬他,这个人怎么样?"孔子说:"这还不能肯定。"子贡又问孔子说:"全乡人都厌恶、憎恨他,这个人怎么样?"孔子说:"这也是不能肯定的。最好的人是全乡的好人都喜欢他,全乡的坏人都厌恶他。"

　　正确地评价一个人,其实并不容易。但在这里孔子把握住了一个原则,即不以众人的好恶为依据,而以善恶为标准。听取众人的意见是判断一个人优劣的依据之一，但绝不是唯一的依据。他的思想对于我们今天识别好人与坏人有重要意义。

英语卡片

village	dislike
[ˈvɪlɪdʒ]	[dɪsˈlaɪk]
n.村庄,村镇	v.不喜爱,厌恶

我会写

village

dislike

zǐ yuē　jūn zǐ yì shì（共事）ér nán yuè（欢喜）yě　yuè
子曰："君子易事（共事）而难说（欢喜）也。说

zhī bù yǐ dào bú yuè yě　jí qí shǐ rén yě　qì zhī（量才使用
之不以道，不说也；及其使人也，器之（量才使用

tā）xiǎo rén nán shì ér yì yuè yě　yuè zhī suī bù yǐ dào yuè
他）。小人难事而易说也。说之虽不以道，说

yě　jí qí shǐ rén yě　qiú bèi yān
也；及其使人也，求备焉。"

英译·

The Master said, "The gentleman is easy to serve but difficult to please. He will not be happy if in trying to please him, you **veer** from the proper way; but when he **employs** others, he does so with respect to their **capacity**. The petty man is difficult to serve but easy to please. He will be happy even though, in trying to please him, you veer from the proper way; but when he employs others, he expects them to be able to **handle** everything."

写一写

子曰

释义

孔子说："为君子办事很容易，但很难赢得他的欢喜。不按正道去讨他的喜欢，他是不会喜欢的。但是，当他使用人的时候，总是量才而用人。为小人办事很难，但要赢得他的欢喜则是很容易的。不按正道去讨他的喜欢，也会得到他的喜欢。但等到他使用人的时候，却是求全责备。"

这一章里，孔子又提出了君子与小人之间的另一个区别，这一点也是十分重要的。作为君子，他并不对人百般挑剔，而且也不轻易表明自己的喜好，但在选用人才的时候，往往能够量才而用，不会求全责备。但小人就不同了，平时似乎对人宽容，但在遇事的时候却总是责备他人。

英语卡片

veer	employ
[vɪə(r)]	[ɪmˈplɔɪ]
v.转向,改变,突然变向	v.雇用,应用

capacity	handle
[kəˈpæsəti]	[ˈhændl]
n.领悟(或理解、办事)能力	v.处理,应付

veer

employ

capacity

handle

读一读

zǐ yuē　jūn zǐ tài ér bù jiāo　xiǎo rén jiāo
子曰："君子泰（坦然）而不骄（傲慢），小人骄

ér bú tài
而不泰。"

英译·

The Master said, "The gentleman has **breadth** of **character** but is not **arrogant**. The petty man is arrogant but has no breadth of character. "

写一写

子曰

孔子说："君子安静坦然而不傲慢无礼,小人傲慢无礼而不安静坦然。"

啊,原来这就是君子与小人的对比呀。君子很舒泰,这个泰字,包括了很多意义:度量宽宏,胸襟开阔,光明爽朗。君子虽然很舒泰,但是态度绝不傲慢。小人既傲慢,又自卑,心境就不泰然了。同学们,如果因为富贵便骄纵起来,或因自己的物质条件比别人好就自视高人一等而不懂得尊重他人,就会被人厌弃,即使身边有所谓的朋友也是图利而不是义。

英语卡片

breadth	character	arrogant
[bredθ]	[ˈkærəktə(r)]	[ˈærəɡənt]
n.宽度,(知识、兴趣等的)广泛	n.性格,特征	adj.傲慢的,自大的

breadth

character

arrogant

zǐ yuē gāng yì mù nè jìn rén
子曰:"刚、毅、木、讷近仁。"

英译 •

The Master said, "Unwavering in integrity, resolute in one's moral conviction, simple as a piece of unadorned wood and hesitant as if too clumsy to speak—these qualities come close to being humane."

写一写

子曰

孔子说:"刚强、果敢、朴实、谨慎,这四种品德接近于仁。"

刚,是刚强,换句话说是有脾气,而且是很明显地有脾气,不对就是不对,让他做不合理的事情,他绝不干。毅,是果敢,有决断。木讷,是很厚道、朴实。具备这些品德的人就很完美了。有其中的一点,也都是有仁义的人。

英语卡片

unwavering	resolute	conviction
[ʌnˈweɪvərɪŋ]	[ˈrezəluːt]	[kənˈvɪkʃn]
adj.坚定不移的, 坚定的	adj.坚决的,有决心的	n.信念

unwavering

resolute

conviction

zǐ lù wèn yuē　　 hé rú sī kě wèi zhī shì yǐ　　 zǐ yuē
子路问曰:"何如斯可谓之士矣?"子曰:

qiè qiè sī sī （miǎn lì、chéng kěn）　 yí yí （hé qi、shùn cóng）rú yě　 kě
"切切偲偲(勉励、诚恳),怡怡(和气、顺从)如也,可

wèi shì yǐ　　 péng you qiè qiè sī sī　 xiōng di yí yí
谓士矣。朋友切切偲偲,兄弟怡怡。"

英译

Zilu asked, "How should a person conduct himself in order to be considered good enough to serve in government?"

The Master said, "He must be **critical**, encouraging and **affable** to be considered good enough to serve in government; critical and encouraging to his friends; affable to his brothers. "

写一写

子路

释 义

子路问孔子道："怎样才可以称为士呢？"孔子说："互助督促勉励，相处和和气气，可以算是士了。朋友之间互相督促勉励，兄弟之间相处和和气气。"

启 示

同学们，我们对待别人的态度，不管是朋友还是兄弟，一是要和颜悦色，表示对人的尊重，是礼，是外在；二是要有所规劝，表示对人的忠诚和关爱，是义，是内在。如果你只是一味地和颜悦色、对朋友不做任何督促勉励，做个"好好先生"，于朋友、兄弟都没有真心对待。但是在督促勉励的时候，不讲究态度和方式方法可不行呀，即使是至爱亲朋，不讲究方法也容易伤了和气。直来直去，只随着自己的性情，不考虑他人的接受能力、承受能力和自尊心，这也不是规劝的好方法。

critical	affable
[ˈkrɪtɪkl]	[ˈæfəbəl]
adj.批评的,批判性的	adj.和蔼可亲的,平易近人的

我会写

critical

affable

破蛹化蝶

有一个小孩在草地上发现了一个蛹。他很好奇蛹是怎样羽化为蝴蝶的，于是，就把蛹捡起来带回家。

过了几天，蛹上出现了一道小裂缝，里面的蝴蝶挣扎了好几个小时，身体似乎被什么东西卡住了，一直出不来。

小孩子看着于心不忍，心想我必须助它一臂之力。于是，他拿起剪刀把蛹剪开，帮助蝴蝶脱蛹而出。可是，这只蝴蝶的身躯臃肿，翅膀干瘪，根本飞不起来，不久就死去了。

同学们，读完这个小故事，你们从中体会到了什么？

对呀，蝴蝶必须得在蛹中痛苦挣扎，直到它的双翅强壮了，才能破蛹而出，成为翩翩起舞的美丽蝴蝶。小男孩好心地通过外力帮助，即使出于爱，也违背了自然规律，反而让蝴蝶悲惨地死去。

宪问十四

小朋友们，《宪问》是《论语》的第十四篇，本篇以评论人物为主要内容。它涉及的人物既有孔子的弟子，也有当时的一些国君、大臣，还有当时的人们对孔子的评价，包括对其性格的评价、能力的评价、言行的评价，等等，这些记录都让我们看到了孔子对"仁德"思想的推崇。让我们一起来听一听，读一读，写一写，别忘了学习英文哦！

kè   fá   yuàn yù bù xíng yān   kě yǐ wéi rén
"克、伐(自夸)、怨、欲不行焉，可以为仁

yǐ   zǐ yuē   kě yǐ wéi nán yǐ   rén zé wú bù zhī yě
矣？"子曰："可以为难矣，仁则吾不知也。"

英译·

"If a person does not insist on winning and is not **boastful**, **begrudging**, or **covetous**, can such conduct be called **humane**?"

The Master said, "One can call that difficult, but I don't know whether it measures up to being humane."

写一写

"克、伐

原宪问："好胜、自夸、怨恨、贪欲都没有的人,可以算做到仁了吧?"孔子说:"这可以说是很难得的,但至于是不是做到了仁,那我就不知道了。"

同学们,我们每个人都要长大,怎样才能长成自己喜欢的模样,又具有"仁德"的品质呢? 这并没有一个固定的模式,需要根据自己的性格和自己所处的生长环境去扬长避短。在这个过程中不断调整改正,这才是最棒的!

英语卡片

boastful

[ˈbəustfl]

adj.自吹自擂的,自夸的

begrudging

[bɪˈɡrʌdʒɪŋ]

v.嫉妒

covetous	humane
[ˈkʌvətəs]	[hjuːˈmeɪn]
adj. 贪婪的,	*adj.* 善良的,
贪求的	仁慈的

 我会写

boastful

begrudging

covetous

humane

zǐ yuē　　shì ér huái
子曰："士而怀（思念，留恋）居（家居），不足以
sī niàn liú liàn　　jū　　jiā jū　　bù zú yǐ

wéi shì yǐ
为士矣。"

英译·

The Master said, "An educated **professional** who **longs for** the ease he finds at home does not live up to the name of an educated professional. "

写一写

子	曰								

孔子说:"士如果留恋家庭的安逸生活,就不配做士了。"

启 示

同学们,你们一定听说过"志在四方"这个成语吧。它告诉我们应该从小树立远大的理想。我们现在在家长和老师的照顾下过得很舒适,时间长了就会被安逸的环境消磨意志。只有朝着自己的理想不断努力,不断进步,我们的人生才会更精彩。

英语卡片

professional
[prəˈfeʃənl]
n.内行,专家

long for
渴望

 我会写

professional

long for

子曰：“有德者必有言（言论），有言者不必有德。仁者必有勇，勇者不必有仁。”

英 译·

The Master said, "A person who has **integrity** is sure to have something to say, but a person who has something to say does not **necessarily** have integrity. A person who is humane is sure to **possess** courage, but a person who possesses courage is not necessarily humane."

写一写

子曰

孔子说:"有道德的人,一定有言论;有言论的人,不一定有道德。仁人一定勇敢,勇敢的人不一定有仁德。"

道德高尚的人必定会有含义深刻的话语流传,以教育人民。但是言语多的人,道德修养水平不一定高。品德高尚的人必谨慎自己的言行,但说得好听的人不一定能做到像他所说的那样。"有言者不必有德""勇者不必有仁"。同学们,如果你轻易地听信那些滔滔不绝者的一通冠冕堂皇之辞,就以为他是有仁德的人,那就大错特错了。如果因为有一两次好的行为,就认定这个人是个仁人,这也大错特错了。言与德,勇与仁,是不同的品质,我们只有洞察事理,心明眼亮,辨事知人,才能更好地成长。

integrity	necessarily	possess
[ɪnˈtegrəti]	[ˌnesəˈserəli]	[pəˈzes]
n.诚实，正直	adv.必要地，不可避免地	v.具有(特质)，控制

我会写

integrity

_____

_____

_____

necessarily

_____

_____

_____

possess

_____

_____

_____

读一读

zǐ yuē jūn zǐ ér bù rén (rén dé) zhě yǒu yǐ fū wèi yǒu
子曰："君子而不仁（仁德）者有矣夫，未有

xiǎo rén ér rén zhě yě
小人而仁者也。"

英译·

The Master said, "A gentleman but not **humane**, there are such **examples**. But there has never been a petty man who is humane."

写一写

子曰

　　孔子说:"君子中没有仁德的人是有的,而小人中有仁德的人是没有的。"

启　示

　　有没有对仁德的追求是君子和小人的区别。同学们,我们知道"仁德"的标准很高,不是所有的君子都能做到的。这就好比一件事,你去做了不一定成功,但是你不去做就永远也不会成功。同学们,不论在我们的学习中还是在将来的工作生活中,一定要记得,唯有行动,才能成功。当我们真正行动起来,才能拥有强大的力量,任何事物都不会成为我们的阻碍。

humane
[hjuːˈmeɪn]
adj. 善良的，仁慈的

example
[ɪɡˈzɑːmpl]
n. 范例，榜样

 我会写

humane

example

zǐ yuē ài zhī néng wù láo ^{wèi} ^{cāo láo} hū zhōng yān
子曰:"爱之,能勿劳(为……操劳)乎？忠焉,

néng wù huì ^{quàn gào} hū
能勿诲(劝告)乎？"

英 译

The Master said, "When you love someone, how can you not **encourage** him to work hard? When you want to do your best for someone, how can you not try to **instruct** him to do the right thing?"

写一写

子曰

孔子说："爱他，能不为他操劳吗？ 忠于他，能不对他劝告吗？"

同学们，我们的父母都深爱着我们，肯定也在为我们操劳。每个父母都是爱自己孩子的，只不过爱的方式有很多种。孩子们，我们不要认为爸爸、妈妈对我们娇生惯养，就是爱我们，其实这不是真正的爱。今天父母纵容一个小错误，明天我们就有可能犯一个大错误。孩子们，当我们长大以后，面对的竞争肯定更加激烈，压力也会更大，如何让我们成人成才是每位爸爸妈妈都在思考的问题，这才是真正地爱我们。

encourage
[ɪnˈkʌrɪdʒ]
v. 鼓励, 激励

instruct
[ɪnˈstrʌkt]
v. 指导, 指示

 我会写

encourage

instruct

zǐ yuē pín ér wú yuàn nán fù ér wú jiāo yì
子曰："贫而无怨（怨恨）难，富而无骄易。"

英 译

The Master said, "It is difficult to be poor and not resentful, and easier to be rich and not arrogant."

写一写

子曰

释 义

孔子说："贫穷而能够没有怨恨是很难做到的，富裕而不骄傲是容易做到的。"

同学们，以乐观的心态面对自己的窘境，远远胜过怨天尤人，让自己身心受累。当然，我们也要淡然地面对自己的顺境。你要知道，自己并不是十全十美的，不应该盛气凌人。孩子们，细细想想，孔子的话在今天仍然适用哦！

英语卡片

resentful
[rɪˈzentfl]
adj. 感到愤恨的

我会写

resentful

zǐ yuē　　jiàn lì sī yì　　jiàn wēi shòu mìng　jiǔ yào
子曰："见利思义，见危授命，久要（长久处
cháng jiǔ chǔ
yú qióng kùn zhōng　bú wàng píng shēng zhī yán　　yì kě yǐ wéi chéng rén yǐ
于穷困中）不忘平生之言，亦可以为成人矣。"

英 译

The Master said,"If he is mindful of what is right when he sees profit, is ready to **lay down** his life when faced with danger, and does not forget what he said as a youth about **promises** made long ago, he can well be a complete man."

写一写

子曰

孔子说:"见到财利想到义的要求,遇到危险能献出生命,长久处于穷困还不忘平日的诺言,这样也可以成为一位完美的人。"

启 示

"见利思义",即遇到有利可图的事情,要考虑是否符合义的标准,不义则不为。见利思义是中华民族的传统美德,这句话对后世产生了极大影响。人要生存,要解决衣食住行,就不能没有对利的追求。人们要求不断改善生存条件,过更好的生活,这都是正常的心理。但是,同学们,我们对利的追求应该受到一定的制约,不应当为追逐利益而缺失德义。

promise	lay down
['prɔmɪs]	制定
n.诺言,许诺	

 我会写

promise

lay down

读一读

zǐ yuē　　 qí yán zhī bú zuò　　　　　　 zé wéi zhī yě nán
子曰："其言之不怍（惭愧），则为之也难。"

英 译 ·

The Master said, "If a person speaks **immodestly**,he will have a difficult time **carrying out** his words in action. "

写一写

子 曰

释 义

　　孔子说："说话如果大言不惭，那么实现这些话就很困难了。"

同学们，孔子是在告诉我们：不要随意做出承诺，想成为君子，就一定要注重自己的言行，说话之前要考虑清楚。凡事皆要量力而行，凡话皆要量力而言。这样就可以应付自如，不致中途而废，一事无成。但如果通过努力或创造条件就能再上一个台阶的话，奋斗的目标自当可以标高一尺，目高一线。同时，我们也不要轻易相信那些喜欢大言不惭的人，他们往往做不到自己承诺的事。

英语卡片

immodestly
[ɪ'mɔdɪstlɪ]
adv. 不谦虚地，
不客气地

carry out
实施，执行

 我会写

immodestly

---

carry out

 读一读

zǐ yuē　　jūn zǐ shàng dá　tōng dá　xiǎo rén xià dá
子曰："君子上达(通达)，小人下达。"

英 译·

The Master said, "The gentleman **reaches** the higher things. The petty man **understands** the lower things."

 写一写

子曰

释 义

孔子说："君子向上通达仁义，小人向下通达财利。"

上达，就是向上追求好的事物，追求进步。下达，就是向下沉溺于不好的事物，自由散漫，觉得现在已经可以了，混几天也无所谓。一个人只要有君子上达的心态，他就会树立崇高的目标，并有所追求。

英语卡片

reach	understand
[ˈriːtʃ]	[ˌʌndəˈstænd]
v.提升到(某一水平、速度等)	v.理解，领会

 我会写

reach

....

....

understand

....

....

zǐ yuē　　gǔ zhī xué zhě wèi jǐ　　　　　jīn zhī xué zhě wèi
子曰："古之学者为己（自己），今之学者为

rén
人。"

英译·

The Master said, "In **ancient** times, people learned to **improve** themselves, but now people learn to show others."

写一写

子 曰

079

孔子说:"古代的人学习是为了提高自己,而现在的人学习是为了给别人看。"

启　示

古人常说:"读书志在圣贤",这是我们中华几千年传统文化的优秀内涵。古人读书做学问,是为了明事理,增进自己的智慧德能,提高自己的人生境界。知道什么是对错,什么是善恶,却不能以此为标准要求自己,那就只能算是有知识,不能算是有学问了。学习讲究学以致用,这些道理,一定要落实到日常生活当中,落实到自己的一言一行、起心动念之中,真正都做到了,才叫有学问。古人读书的目的,就是在成圣成贤,这是求学的最高目标。

同学们,你们有没有想过这样一个问题:学习这件事,到底是"我要学"还是"要我学"呢?自己想一想,你会发现,假若你的答案是"我要学",那就是你已经知道学习是自己的事情,是在为自己努力;假若是"要我学",那就是你还认为学习是别人的事情,你是被动地学,也就很难意识到读书是为了提高自己的智慧德能,总觉得只是为了考试分数。

所以,孔子说"古之学者为己",并不是自私自利,而是要先提升自己，然后再等待时机，为社会、为国家做贡献。那我们到底应该为什么读书呢？宋代大儒张载说："为天地立心，为生民立命；为往圣继绝学，为万世开太平。"这才是我们读书应有的目标，说到底，这是一个学习目的是否明确、学习态度是否端正的问题。

英语卡片

| ancient |
| ['eɪnʃənt] |
| *adj.* 古代的 |

| improve |
| [ɪm'pruːv] |
| *v.* 改进，改善 |

 我会写

ancient

improve

读一读

蘧伯玉(卫国的大夫，名瑗。孔子到卫国时曾住在他的家里)使人于孔子，孔子与之坐而问焉。曰："夫子何为？"对曰："夫子欲寡其过而未能也。"使者出，子曰："使乎！使乎！"

英译·

Qu Boyu sent a **messenger** to the Master. The Master sat down with him and asked, "What has your master been doing?"

The messenger replied, "My master wishes to make fewer mistakes but has not been able to do so."

After the messenger left, the Master said, "A fine messenger! A fine messenger! "

蘧伯玉

蘧伯玉派使者去拜访孔子。孔子让使者坐下，然后问道："先生最近在做什么？"使者回答说："先生想要减少自己的错误，但未能做到。"使者走了以后，孔子说："好一位使者啊，好一位使者啊！"

能一直反省自己的过错，是非常难得的一种品质。同学们，让我们永远保持求知的激情，时时刻刻接受新信息，构建自己的知识仓库，改正以往的错误。

英语卡片

messenger
[ˈmesɪndʒə(r)]
n.送信人，信使

 我会写

messenger

读一读

zǐ yuē   jūn zǐ chǐ qí yán ér guò   qí xíng
子曰："君子耻其言而过（超过）其行。"

英 译·

The Master said, "The gentleman would be ashamed to let his words run ahead of his action."

写一写

子曰

释 义

孔子说："君子认为说得多而做得少是可耻的。"

孔子希望人们少说多做，不要只说不做或多说少做。同学们，在社会生活中，在我们的身边，总有一些夸夸其谈的人。他们口若悬河，到头来，一件实事未做，给集体和他人造成极大的不良影响。因此，对照孔子所说的这句话，如果我们遇到有这样缺点的人，就应当要有所警戒了。当然，我们更应该告诫自己不要成为这样的人。

英语卡片

ashamed
[ə'ʃeɪmd]
adj. 感到惭愧的

我会写

ashamed

zǐ yuē　　jūn zǐ dào zhě sān　　　　　　wǒ wú néng yān　　rén zhě
子曰：“君子道者三（三个），我无能焉：仁者

bù yōu　 zhī zhě bú huò　 yǒng zhě bú jù　　　zǐ gòng yuē　　　 fū zǐ
不忧，知者不惑，勇者不惧。”子贡曰：“夫子

zì dào yě
自道也。”

英译·

The Master said, "The way of the gentleman **consists of** three things, none of which I have been able to realize: the humane never suffer from **vexation**; the wise are never **perplexed**; the brave are never afraid? "

Zigong said, "The Master has just given a **description** of himself."

写一写

子曰

孔子说:"君子之道有三个方面,我都未能做到:仁德的人不忧愁,聪明的人不迷惑,勇敢的人不畏惧。"子贡说:"这正是老师的自我表述啊!"

启 示

同学们,我们现在都在说"不忘初心"。当我们今天读到孔子的"君子之道"时,试想一下:如果一个人不知道自己是谁,不知道使命是什么,不知道道路在何方,只有匹夫之勇,逞一时之快,他是不是真的勇士呢?

vexation

[vek'seɪʃn]

n.烦恼

perplex

[pə'pleks]

v.迷惑,使困惑

description

[dɪ'skrɪpʃn]

n.描述,说明

consist of

包括,由……组成(构成)

我会写

vexation

perplex

description

....
....
_____
....

consist of

....
....
_____
....

zǐ yuē jì （qiān lǐ mǎ） bù chēng qí lì ， chēng qí dé yě
子曰："骥（千里马）不称其力，称其德也。"

英 译

The Master said, "A fine chariot horse is praised for her inner integrity, not for her **strength**."

写一写

子	曰							

释 义

孔子说："千里马值得称赞的不是它的气力，而是它的品德。"

宝马奔驰千里，人们称赞的是马吃苦耐劳的优秀内在品质，它的奔跑能力是其次的。如果一个人有才能而没有品德，是不值得称赞效仿的。才与德是人的不同素质，有的人才高德不足，有的人则相反，当然有的人兼备。只重视才而忽略德的行为，古今皆有，但此不足以否定德重于才，只足以说明识人不易。谚云："有伯乐然后有千里马。"道理恐即在此。

英语卡片

strength

[streŋθ]

n. 力量，强度

我会写

strength

zǐ yuē　　yǐ dé bào yuàn　hé yǐ bào dé（ēn huì）yǐ zhí
子曰："以德报怨，何以报德（恩惠）？以直

gōng píng zhèng zhí　bào yuàn　yǐ dé bào dé
（公平正直）报怨，以德报德。"

英译·

The Master said, "How, then, would you **repay** kindness? Repay a wrong with **uprightness**. Repay kindness with kindness."

写一写

子曰

孔子说:"用恩德来报答怨恨,那用什么来报答恩德呢?应该是用正直来报答怨恨,用恩德来报答恩德。"

历史上有许多以德报怨的佳话:蔺相如以宽厚和仁义感动了刚正粗犷的廉颇,两人结为生死之交;诸葛亮七擒孟获,最终使孟获心悦诚服,效忠蜀汉……但有的时候并非善有善报。

孔子的一个弟子问他说:"师父,别人打我了,我不打他,我反而要对他好,用我的道德和教养感化他,让他悔悟,好不好?"孔子说:"你以德报怨,那何以报德?别人以德来待你的时候,你才需要以德来回报别人。可是现在别人打了你,你应该'以直报怨。'"所以,孔子认为正确的做法应当是以直报怨,以德报德。

repay
[rɪˈpeɪ]
v. 报答

uprightness
[ˈʌpraɪtnəs]
n. 正直的行为
（或态度）

我会写

repay

uprightness

读一读

zǐ yuē　　　bú yuàn tiān　　bù yóu zé guài yuàn hèn rén　　xià xué ér
子曰：“不怨天，不尤（责怪，怨恨）人，下学而

shàng dá
上达。”

英译·

The Master said, "I **blame** neither **Heaven** nor men for my not being understood. I begin my learning on the ground and travel up to reach a higher knowledge."

写一写

子曰

孔子说："不埋怨上天，不责怪他人，向下学人事，向上达天命。"

怨天无用，尤人无用，学习的根本不是仅仅为学到某一点知识，而是重视发现自己的过程。人不能把自己看低了，因为每一个人有所为，也有所不为。但是也不要把自己看得太高，从基本的礼仪知识学起，这样才能"上达"。

英语卡片

blame
[bleɪm]
v. 责备，责怪

heaven
['hevn]
n. 天堂，天空

 我会写

blame

heaven

上行下效

　　话说北宋开国皇帝赵匡胤非常了不起,他能够做到居安思危、崇尚节俭,所以才奠定了稳定繁荣的大宋基业。

　　有一次,赵匡胤的女儿魏国长公主穿了一件由翠鸟羽毛作装饰的短上衣,欢欢喜喜地入宫来拜见自己的父王。可是赵匡胤一见到公主,十分气愤。他非常生气地对长公主说:"你赶紧把这件衣服给我换下来,而且从今以后也不要再用翠鸟羽毛作装饰了。"长公主撒娇地笑着说:"父王,这有什么了不起的,女儿不就用了几根羽毛做衣服的装饰吗?"赵匡胤正色说道:"你说得不对。你穿这样的衣服,宫中其他人看到会纷纷效仿,这样一来,京城翠鸟羽毛价格便会上涨了,商人见了就觉得有利可图,会立即从四处辗转贩运翠鸟,这要伤害多少鸟儿啊! 女儿呀,你可千万不能开此奢华之端。"公主听了赵匡胤的话,顿时恍然大悟,连忙叩谢父皇的教诲。

　　同学们,看完了这个故事,你们读懂了什么? 你能用孔子的话来说说这其中的道理吗?

卫
灵
公
十
五

　　《卫灵公》是《论语》的第十五篇，本篇一共有四十二章，内容十分丰富，几乎涵盖了孔子思想的方方面面，其中出现得最多的就是"君子"这两个字。这个篇目从各个方面详细地介绍了什么样的人才能被称为"君子"。此外，在这个篇目里还涉及一些关于政治和教育的道理。小朋友们不妨来了解一下，你们一定会发现对"君子"有了更多的理解呢！

zài chén jué liáng cóng zhě bìng mò néng xìng 。 zǐ lù yùn（nù，yuàn
在 陈 绝 粮，从 者 病，莫 能 兴。 子 路 愠（怒，怨

hèn）jiàn yuē jūn zǐ yì yǒu qióng hū zǐ yuē jūn zǐ gù qióng
恨）见 曰："君 子 亦 有 穷 乎？" 子 曰："君 子 固 穷

gù shǒu qióng kùn ān shǒu qióng kùn xiǎo rén qióng sī làn yǐ
（固 守 穷 困，安 守 穷 困）, 小 人 穷 斯 滥 矣。"

英译·

In Chen, when their **provisions** ran out, the Master's followers had become so weak that none of them could rise to their feet. Zilu, with a **resentful** look, said, "Does a gentleman find himself in circumstances as **bleak** as this?"

The Master said, "Of course the gentleman would find himself in circumstances as bleak as this. It is the petty man who would not be able to **withstand** it."

写一写

在 陈

释 义

（孔子一行）在陈国断了粮食，随从的人都饿病了。子路很不高兴地来见孔子，说道："君子也有穷得毫无办法的时候吗？"孔子说："君子虽然穷困，但还是坚持着原则；小人一遇穷困就无所不为了。"

启 示

同学们，这是孔子告诉人们怎样渡过困难的一段名言。人生总难免有窘困的时候，面对窘迫的境遇，孔子认为重要的是要坚持理想和操守。子路的愤怒并非没有道理，自己一心秉持德行和操守，却陷入窘困的境地，无所通达，而作恶多端的人反而过着锦衣玉食的优裕生活。所以，他开始质疑自己一直所坚守的信念。孔子回答他说，君子固然也有困窘的时候，但还是能以道自处，不同于小人一到窘困之时就乱了心性，胡作非为。

provision
[prə'vɪʒn]
n. 食物,供给

resentful
[rɪ'zentfl]
adj. 感到愤恨的,
愤慨的

bleak
[bli:k]
adj. 凄凉的,
荒凉的

withstand
[wɪð'stænd]
v. 承受

 我会写

provision

resentful

bleak

withstand

读一读

子曰：“赐也，女以予为多学而识之者
zǐ yuē   cì yě   rǔ yǐ yǔ wéi duō xué ér shí zhī zhě

与？”对曰：“然，非与？”曰：“非也，予一以贯
yǔ   duì yuē   rán fēi yǔ   yuē   fēi yě yǔ yī yǐ guàn

（始终）之。”
shǐ zhōng   zhī

英译·

The Master said, "Ci, do you think I am the sort of person
who learns many things and who **retains** this knowledge in
his mind? "

Zigong replied, "Yes. Is it not so?"

"No. I **bind** it together into a single **thread**."

写一写

子	曰						

　　孔子说:"赐啊! 你以为我是学习得多了才一一记住的吗?"子贡答道:"是啊,难道不是这样吗?"孔子说:"不是的。 我是用一个根本的东西把它们贯彻始终的。"

启　示

　　同学们,你们猜过谜语吗? 回忆一下我们猜谜语的过程吧。我们先通过谜面的每个字来推敲、思考、找线索,再循着这样的思路,把谜面的一句话或者几句话里的线索串联起来"一以贯之",最后将这些线索整合起来仔细思考。这时候,我们会发现,谜底竟然会跳到我们的面前。孔子的话就是在告诉我们:只要我们在学习的基础上认真思考,即使遇到再复杂的事情,也能有条理,能认清事物的本质,找到解决事情的办法。

英语卡片

retain	bind	thread
[rɪˈteɪn]	[baɪnd]	[θred]
v.保持,保留	v.绑定,系	n.线索,脉络

我会写

retain

bind

thread

zǐ zhāng wèn xíng (tōng dá)。 zǐ yuē yán zhōng xìn xíng dǔ jìng
子张问行（通达）。 子曰："言忠信，行笃敬，

suī mán mò zhī bāng xíng yǐ
虽蛮貊之邦，行矣。"

英 译

Zizhang asked about getting on in the world. The Master said, "If you impart sincerity and trust in your words, and integrity and respect in your deeds, you will get on even in the lands of the barbarians."

写一写

子张

子张问如何才能使自己到处都能行得通。孔子说："说话要忠信，行事要笃敬，即使到了蛮貊地区，也可以行得通。"

同学们，修身的关键，是说话要合乎"忠信"之道。一个心地善良的人，就会诚实守信，即使有了错误，也会尽力改正。可见，只有向善修身，才能养成高尚的人格。现实生活中，有的青少年盲目"张扬个性"，自私自利，在人生价值取向上偏离了道德的主线，这是很危险的。要从根本上改掉玩世不恭、偏激冲动的毛病，矫正以自我为中心的自私与狭隘，让自己的行为诚实而恭敬起来。

impart	sincerity	barbarian
[ɪmˈpɑːt]	[sɪnˈserəti]	[bɑːˈbeərɪən]
v.告知,传授	n.诚意	n.没有文化的人

我会写

impart

_____

_____

_____

sincerity

_____

_____

_____

barbarian

_____

_____

_____

zǐ yuē　　kě yǔ yán　tán lùn　ér bù yǔ zhī yán　shī rén　bù kě
子曰："可与言（谈论）而不与之言，失人；不可

yǔ yán ér yǔ zhī yán　shī yán　　zhī zhě bù shī rén　yì bù shī yán
与言而与之言，失言。知者不失人，亦不失言。"

英译·

The Master said, "Not to speak to a man who is capable of absorbing what you say is to let the man go to waste. To speak to a man who is incapable of absorbing what you say is to let your words go to waste. A person of wisdom does not let either men or words go to waste."

写一写

子曰

孔子说："可以同他谈的话，却不同他谈，这就是失掉了朋友；不可以同他谈的话，却同他谈，这就是说错了话。有智慧的人既不失去朋友，又不说错话。"

同学们，人与人之间交往沟通，首先就需要"说话"。什么话该讲，什么话不该讲，要因人而异。见了该讲话的人而不讲话，也许就会因此失去机会和朋友。当然，如果你见了不该讲话的人也讲话，那就是失言了。在现代社会中，说话已经成为一种艺术，不仅要看场合、看时机，也要看对象啊！

capable
['keɪpəbl]
adj. 有能力的，
有才能的

wisdom
['wɪzdəm]
n. 智慧，才智

我会写

capable

wisdom

zǐ yuē　　zhì shì rén rén　　wú qiú shēng yǐ hài　sǔn hài　rén　yǒu

子曰："志士仁人，无求生以害（损害）仁，有

shā shēn yǐ chéng　chéngquán　rén

杀身以成（成全）仁。"

英译

The Master said, "A man of high purpose and a man with deep humaneness would not seek to stay alive at the expense of humaneness. There are times when they would sacrifice their lives to have humaneness fulfilled."

写一写

子曰

孔子说:"志士仁人,没有贪生怕死而损害仁德的,只有牺牲自己的生命来保全仁德的。"

启 示

孔子在这里对"志士仁人"提出了最高的要求,认为"志士仁人"要有献身理想的勇气。生命对每个人来说都是十分宝贵的,但还有比生命更宝贵的,那就是"仁"。"杀身成仁",就是要人们在生死关头宁可舍弃自己的生命也要保全"仁"。自古以来,它激励着许多仁人志士为国家和民族抛头颅洒热血,谱写了一首首可歌可泣的壮丽诗篇。

英语卡片

sacrifice	fulfilled
[ˈsækrɪfaɪs]	[fʊlˈfɪld]
v. 牺牲,献出	adj. 感到满足的

sacrifice

fulfilled

子曰：“工（工匠）欲善其事，必先利（使……锋利）其器。居是邦也，事其大夫之贤者，友其士之仁者。”

英 译

The Master said, "Artisans who wish to excel at their craft must sharpen their tools. When you live in any given state, you should serve the **worthiest** among the **counselors** and befriend the most humane among the educated professionals."

写一写

子	曰							

孔子说："工匠要想把他的工作做好，必须先使他的工具锋利。我们居住在这个国家，就要待奉大夫中的贤人，结交志士中的仁人。"

同学们，要想做好一件事，准备工作是十分重要的。在准备工作中，我们能准确地认识自己。只有做到了清醒的认识，清晰的计划，充分的准备，才会离成功更近。这段话中的"工欲善其事，必先利其器"是传诵千古的名言。这句话揭示了一个简单而重要的道理，那就是不管做什么事，都要做好充分的准备。只有准备工作做好了，基础打好了，事情才能顺利完成。

worthy
[ˈwɜːði]
adj. 值得的, 值得尊敬的

counselor
[ˈkaʊns(ə)lə]
n. 律师, 法律顾问

我会写

worthy

counselor

zǐ yuē rén wú yuǎn lǜ bì yǒu jìn yōu
子曰："人无远虑（长远的考虑），必有近忧（忧
huàn yōu
患）。"

英译·

The Master said, "A person who does not think ahead about the **distant** future is sure to be **troubled** by worries close at hand."

写一写

子曰

孔子说:"一个人没有长远的考虑,一定会有眼前的忧患。"

现在所面临的问题(忧愁),是因为以前没有深思熟虑的作为。同样的,今天的作为如果未经缜密的思考,未来必会尝到苦果。"人无远虑,必有近忧"这句话告诉我们,除了警醒自己要对今日的事物深思熟虑、深度思考外,还应为将来作打算。

英语卡片

distant	trouble
[ˈdɪstənt]	[ˈtrʌbl]
adj.远处的	n.麻烦,困难

distant

trouble

123

读一读

zǐ yuē gōng (自我反省) zì hòu ér báo zé yú rén zé yuǎn

子曰："躬(自我反省)自厚而薄责于人，则远

yuàn yǐ

怨矣。"

英译·

The Master said, "Be hard on yourself and be sparing when **criticizing** others—this way you will keep **resentment at bay**."

写一写

子	日								

　　孔子说:"要多自我反省,少责备别人,这样就可以远离仇恨了。"

启　示

　　人与人相处难免会有各种矛盾与纠纷。同学们,我们应该多替别人考虑,多从别人的角度看待问题。假若一旦发生了矛盾,大家都能多做自我批评,而不是一味地去指责别人,保持良好和谐的人际关系,那我们生活的世界将会是多么温暖呀!

英语卡片

criticize	resentment	at bay
[ˈkrɪtɪsaɪz]	[rɪˈzentmənt]	陷入困境
v.批评,批判	n.愤恨,怨恨	

criticize

resentment

at bay

读一读

子曰:"不曰'如之何(怎么办),如之何'者,吾末(没有办法)如之何也已矣。"

英译·

The Master said, "I can never do anything for a man who has not been asking himself, 'What should I do? What should I do?'"

写一写

子曰

孔子说:"遇事从来不说'怎么办,怎么办'的人,我对他也不知怎么办才好。"

启　示

同学们,上面这段话是孔子用颇为幽默的语言,讲述了人要认真对待事情,凡事三思而后行的道理。当面对问题时,应该积极寻求解决的途径和方法。而那些不想"怎么办,怎么办"的人,只会凭着自己的冲动和主观臆断去行事。这样不思考,没有谋略和方法的人,容易被别人控制,分不清楚是非对错,即使圣明如孔子,也拿他没法子。

英语卡片

should
[ʃʊd]
*aux.*应该

我会写

should

読一读

zǐ yuē　　qún jū zhōng rì　　yán bù jí yì (rén yì)　　hào xíng xiǎo
子曰："群居终日，言不及义（仁义），好行小

huì　nán yǐ zāi
慧，难矣哉！"

英译·

The Master said, "There is something **hopeless** about a group of men spending time together all day, not touching on the question of what is right in their **conversations** and wanting only to **show off** their cleverness."

写一写

子曰

130

孔子说："整天聚在一块，说的都达不到义的标准，专好卖弄小聪明，这种人真难教导。"

有一种人，整天和朋友在一起，说些不好的话，又喜欢耍弄小聪明。这类人、这种行为对他人、对社会都没有任何益处。这种人要有所成就也是很困难的。一个人不管是不是真聪明，都不能卖弄自己的聪明，这样才能够发挥长处。试想，如果你处处耍小聪明，是不是会落得"聪明反被聪明误"的下场呢？

英语卡片

hopeless
[ˈhəʊpləs]
adj.绝望的，
无望的

conversation
[ˌkɒnvəˈseɪʃn]
n.(非正式)交谈，
谈话

show off
炫耀，卖弄

131

hopeless

conversation

show off

jūn zǐ yì yǐ wéi zhì　　gēn běn　　　 lǐ yǐ xíng zhī　 sūn　 qiān xùn

"君子义以为质（根本），礼以行之，孙（谦逊）

yǐ chū zhī　 xìn yǐ chéng zhī　　 jūn zǐ zāi

以出之，信以成之。君子哉！"

英 译

The Master said, "The gentleman makes rightness the **substance**. He works at it through ritual **propriety**; he expresses it with **modesty**; he brings it to completion by being **trustworthy**. Now that is a gentleman!"

写一写

君子

孔子说:"君子以义作为根本,用礼加以推行,用谦逊的语言来表达,用忠诚的态度来完成。这就是君子了。"

启 示

同学们,在日常生活、工作中,我们要用真诚的思想指导自己的言行,要用谦逊的言语表述自己的德行,还要用谦虚、勤勉、诚实、守信的态度去实践我们的言行。以礼待人是日常行为的准则,谦谦君子,应不卑不亢,学习生活中要时时刻刻记住"立德修身"。

英语卡片

substance
[ˈsʌbstəns]
n.事实基础,

propriety
[prəˈpraɪəti]
n.得体的举止,
礼节

modesty
['mɔdəsti]
n. 谦虚，谦逊

trustworthy
['trʌstwə:ði]
adj. 值得信赖的，
可信赖的

我会写

substance

propriety

modesty

trustworthy

读一读

子曰：“君子病（怨恨、害怕）无能焉，不病人之不己知也。”

英译·

The Master said, "The gentleman is worried about his own lack of **ability** and not about the fact that others do not **appreciate** him."

写一写

子曰

孔子说："君子只怕自己没有才能，不怕别人不知道自己。"

启 示

是金子总会发光的，而不怕锦衣夜行，无人知晓。君子要有金子般的品质，即使需要长久蕴藏，大火考验，水洗提炼，最终也会光辉璀璨，呈现耀眼的光芒。所以，同学们，不要担心自己的努力会白费，在你前进的道路上不管遇到什么困难，只要坚持不懈，自强不息，就会成功。机会总是留给那些有准备的人！

英语卡片

ability
[ə'bɪləti]
n.能力,本领

appreciate
[ə'priːʃieɪt]
v.欣赏,赏识

 我会写

ability

appreciate

读一读

zǐ yuē　　jūn zǐ qiú zhū jǐ　　　　xiǎo rén qiú zhū rén

子曰："君子求诸己（自己），小人求诸人。"

英 译·

The Master said, "The **gentleman** makes **demands** on himself. The petty man makes demands on others. "

写一写

子 曰

释 义

孔子说："君子求之于自己，小人求之于别人。"

同学们，这句话与孔子说的"躬自厚而薄责于人"是一个意思。正人先正己，这是君子应该做到的。勇于面对和承认自己错误的人，才是敢于承担责任的人。因为这样的人总能从自己身上找到原因。自己身上没有过失，其德行自然可以感化他人，赢得他人的尊重和信赖。

英语卡片

gentleman	demand
['dʒentlmən]	[dɪ'mɑːnd]
n. 君子	n. 需要, 强烈要求

 我会写

gentleman

demand

zǐ yuē   jūn zǐ jīn zhuāngzhòng ér bù zhēng qún ér bù dǎng gōu
子曰："君子矜（庄重）而不争，群而不党（勾

jié
结）。"

英译·

The Master said, "The gentleman is **self-assured** but not **competitive**. He likes to be in a group but does not form any **clique**."

写一写

子	曰										

142

释 义

孔子说:"君子处事庄重而不与别人争执,能够合群相处,而不与人勾结。"

启 示

君子是仁义、和善、友爱,一心一意为社会做贡献的人。这样的人,当然合群,当然可以跟大家其乐融融地相处,当然受到大家的爱戴、喜欢、尊敬。同学们,我们要向君子学习,做人要随和低调,不要拉帮结派,要以平等心对待所有的人,不谄上欺下,不畏强凌弱。

英语卡片

self-assured
[ˌselfəˈʃʊəd]
adj. 自信的

competitive
[kəmˈpetətɪv]
adj. 竞争的,有竞争力的

clique
[kliːk]
n. 派系,私党

self-assured

competitive

clique

 读一读

zǐ gòng wèn yuē　　yǒu yì yán ér kě yǐ zhōng shēn xíng　　zhī
子贡问曰："有一言而可以终身行（奉行）之

zhě hū　　zǐ yuē　　qí shù hū　　jǐ suǒ bú yù　　wù shī yú rén
者乎？"子曰："其恕乎！己所不欲，勿施于人。"

英译·

Zigong asked, "Is there a single word that can serve as the guide to **conduct throughout** one's life? "

The Master said, "It is perhaps the word SHU. Do not **impose** on others what you yourself do not want others to impose on you."

 写一写

子贡

145

释 义

子贡问孔子道:"有没有一个字可以终身奉行的呢?"孔子回答说:"那就是恕吧! 自己不愿意的,不要强加给别人。"

启 示

同学们,我们每个人都在追求自己幸福的生活,都想有自由的发展。但是,你们要知道,任何自由都不是绝对的。当我们乘车时要有序排队,当我们进入公共场所时不能大声喧哗,当我们考试时不能作弊,当我们举行升旗仪式时要肃立,等等。我们享有个人的自由,但是前提是不能触犯法律、不能违反公共道德、不能妨碍他人自由,否则你自己的自由也会受到限制。

英语卡片

conduct	throughout	impose
[kənˈdʌkt]	[θruːˈaʊt]	[ɪmˈpəʊz]
v.实施,执行	prep.贯穿整个时期	v.强制推行,采用(规章制度)

我会写

conduct

throughout

impose

zǐ yuē　　qiǎo yán luàn dé

子曰："巧言乱德（德行）。小不忍则乱大

móu

谋。"

The Master said, "Clever words will upset the idea of

virtue. Impatience with small things will upset big plans. "

写一写

子曰

孔子说："花言巧语可以败坏人的品德。如果在小事情上不忍耐，就会败坏大事情。"

孔子说，一个有志向、有理想的人，不会斤斤计较个人得失，更不会在小事上纠缠不清，而是有开阔的胸襟，远大的抱负。只有如此，才能成就大事，从而达到自己的目标。同学们，务实、忍耐、顾大局，这不是软弱的表现，而正是有志于做大事的人必备的素质。

英语卡片

impatience
[ɪmˈpeɪʃəns]
n.急躁，无耐心

upset
[ʌpˈset]
v.使烦恼，使心烦意乱

 我会写

impatience

upset

zǐ yuē　　guò　　　　　　　　　　　ér bù gǎi　　shì wèi guò yǐ
子曰："过（过错，过失）而不改，是谓过矣。"
　　　　　　guò cuò guò shī

英 译 •

The Master said, "To make a **mistake** and not to **correct** it— now that is called making a mistake."

写一写

子	曰										

释 义

孔子说："犯错后不去改正，这就是真正的过错了。"

启 示

　　"人非圣贤，孰能无过?"同学们，我们有了过错并不可怕，关键不在于"过"，而在于能否改"过"，保证今后不再犯同样的错误。最可怕的是认识不到错误，不加改正。孔子认为，人——包括他自己——犯错是正常的，不必因此困扰。孔子以"过而不改，是谓过矣"的简练语言，向我们道出了这样一个真理：犯错不可怕，不愿意改正才是真正的过错。这也是对待错误的正确态度。

英语卡片

mistake
[mɪˈsteɪk]
n. 错误，(言语或行为上的) 失误

correct
[kəˈrekt]
v. 纠正，改正

 我会写

mistake

152

correct

读一读

zǐ yuē　　rén néng hóng　　　　dào　　fēi dào hóng rén
子曰：" 人 能 弘 (弘扬) 道 ，非 道 弘 人 。"

英 译 ·

The Master said, "It is humans who can **enlarge** the Way.
The Way cannot enlarge humans."

写一写

子	曰									

释 义

> 孔子说："人能够使道发扬光大，不是道使人的才能扩大。"

启 示

同学们，在生活中，我们每个人必须首先修养自身、扩充自己、提高自己，把自己学到的知识和生活中的现象结合起来进行分析，这样才可以把道发扬光大。反过来，以道弘人，用来装点门面，哗众取宠，那不是真正的君子所为，学再多的知识也不能帮助自己提升道德品质。

英语卡片

enlarge

[ɪnˈlɑːdʒ]

v. 扩大，扩充

我会写

enlarge

155

读一读

zǐ yuē　　zhòng wù zhī　bì chá yān　zhòng hào　　　zhī　　bì
子曰："众 恶 之 , 必 察 焉 ; 众 好（喜爱）之 , 必

chá yān
察 焉 。"

英 译·

The Master said, "When a **crowd** of people dislikes a person, you must **look into** the **matter** closely yourself. When a crowd of people likes a person, you must look into the matter closely yourself."

写一写

子 曰

孔子说:"大家都厌恶他,我必须考察一下;大家都喜欢他,我也一定要考察一下。"

同学们,孔子的这一段话讲了两个方面的意思,一是孔子决不人云亦云,不随波逐流,不以众人之是非标准影响自己的判断。而要经过自己的独立思考,理性的判断,然后再得出结论。二是一个人的好与坏不是绝对的,在不同的地点,不同的人心目中,往往有很大的差别。在生活中,如果我们因为别人的说辞影响自己对事物的判断,别人说什么就赞成什么,这是不可取的。

crowd	matter	look into
[kraʊd]	[ˈmætə(r)]	考察,调查
n.人群,一帮人	n.问题,事态	

 我会写

crowd

matter

look into

读一读

zǐ yuē　jūn zǐ bù kě xiǎo zhī
ér kě dà shòu
子曰："君子不可小知（作为）而可大受（责任，

shǐ mìng
yě　xiǎo rén bù kě dà shòu ér kě xiǎo zhī yě
使命）也，小人不可大受而可小知也。"

英译

The Master said, "The gentleman is not able to absorb **trivial** knowledge but is able to take on large **responsibilities**. The petty man is able to **absorb** trivial knowledge but is not able to **take on** large responsibilities."

写一写

子曰

孔子说:"君子不能让他们做那些小事,但可以让他们承担重大的使命。小人不能让他们承担重大的使命,但可以让他们做那些小事。"

启 示

做人,要有大格局。同学们,你的格局有多大,你的舞台、生活的世界就能有多广阔。虽然树立了大志向,拥有了大格局,但与我们做事注重细节并不矛盾,不以事小而不为,要知道聚沙成塔,水滴石穿,大格局与小细节是相辅相成的。

英语卡片

trivial
['trɪvɪəl]
adj. 不重要的,
琐碎的

responsibilities
[rɪsˌpɒnsə'bɪlɪtiz]
n. 责任,职责

absorb	take on
[əbˈzɔːb]	承担，接受
v. 同化，理解，掌握	

 我会写

trivial

responsibilities

absorb

take on

读一读

zǐ yuē dào（zhǔ zhāng主张）bù tóng，bù xiāng wéi móu（shāng tǎo商讨）
子曰：“道（主张）不同，不相为谋（商讨）。”

英 译·

The Master said, "When your paths are different, there is no point in **seeking** advice from one another."

写一写

子	曰									

释 义

孔子说：“主张、思想不一样，就不能一起讨论。”

小朋友们，在我们的学习生活中，不管你想要做什么事，一定要考虑环境。如果环境，尤其是那种自己无法改变的大环境对成事不利，一定要尽快离开，而不要想着去迁就。迁就的结果就是一事无成，或者被环境同化。你慢慢会发现，人各有志，志向不同的人很难在一起共事。因为你们彼此的价值观不同，所以很容易不认同对方的看法，也无法有效商讨，一起做事只会互相牵制，无法形成合力。

英语卡片

seek
[siːk]
v. 寻找，谋求

 我会写

seek

读一读

师冕（乐师，乐师的名字是冕）见，及阶，子曰："阶也。"及席，子曰："席也。"皆坐，子告之曰："某在斯，某在斯。"师冕出，子张问曰："与师言之道与？"子曰："然，固相（帮助）师之道也。"

英译·

The musician Mian came to see the Master and went to the **edge** of the steps. The Master said, "Here is the steps." When he came to the seat, the Master said, "This is the seat." When everyone sat down, the Master told him, "So and so is here, so and so is here." After the musician Mian left, Zizhang asked the Master, "Is this the way to talk to the musician?" The Master said, "This is the way to help the musician. "

师冕

乐师冕来见孔子，走到台阶沿，孔子说："这儿是台阶。"走到座席旁，孔子说："这是座席。"等大家都坐下来，孔子告诉他："某某在这里，某某在这里。"师冕走了以后，子张就问孔子："这就是与乐师谈话的道吗？"孔子说："这就是帮助乐师的道。"

　　"仁者，爱人。"同学们，从孔子对待盲人乐师的行为中，我们不难感受到关怀和善意。友善是仁爱的一种表现，也是一种需要践行的美德，它体现在我们日常生活中的点点滴滴。如果我们能体谅、理解他人的难处，为他人着想，我们的举手投足、待人接物之中就自然而然地充满了善意，也会让他人感受如沐春风般的温暖，我们自己也同样会得到善的回报。

英语卡片

edge

[edʒ]

n. 边缘

我会写

edge

zǐ yuē dāng rén bú ràng qiān ràng yú shī
子曰："当仁不让（谦让）于师。"

英 译 ·

The Master said, "When **encountering** matters that **involve** the question of humaneness, do not **yield** even to your teacher."

写一写

子 日

释 义

孔子说："面对着仁德，就是老师，也不同他谦让。"

同学们，在我们的学习生活中，如果遇到了一些你认为是正确的道理或做法，即使是长辈与你争辩，你也要勇敢地表达自己的想法。

英语卡片

encounter	involve	yield
[ɪnˈkaʊntə(r)]	[ɪnˈvɒlv]	[jiːld]
v.遭遇，遇到	v.涉及，包含	v.屈服

我会写

encounter

involve

yield

zǐ yuē　　　yǒu jiào wú lèi
子曰:"有教无类(类别)。"

英 译 ·

The Master said, "In educating others, one should let go all **preconceptions** of class and **categories**."

写一写

子	曰										

释 义

孔子说:"人人都可以接受教育,不分族类。"

同学们，孔子认为每个人都可以接受教育，人不分富贵贫贱，都有接受教育的权力，所以孔子的弟子有各种各样的品格和身份：富有的（冉求和子贡）和贫穷的（颜回和仲弓），贵族（孟懿子）和乡民（子路），机敏的（子张）和愚钝的（曾子）……现在，我们生活的世界也是这样，几乎每个孩子都享有国家给予的免费学习的机会，我们可以自由自在地在知识的海洋里遨游。那就让我们用学到的知识把未来的世界打扮得更加美好吧！

英语卡片

preconception
[ˌpriːkənˈsepʃn]
n. 先入之见

categories
[ˈkætəgəriz]
n. (人或事物的)
类别，种类

我会写

preconception

_____
_____
_____

categories

_____
_____
_____

身在曹营心在汉

东汉末年，刘备被曹操打败。关羽为了保护刘备的夫人被迫投降。曹操对关羽关怀备至，送他宅院、战袍及宝马，关羽却无动于衷，一心想打听刘备的下落。张辽问他为什么不愿归降，关羽说他与刘备有过生死誓言。

徐庶出身寒门，父亲早逝，一直和母亲相依为命。虽然出身低微，但徐庶胸有大志，腹有锦绣。他听说刘备在新野安顿下来，决定辞别母亲，前去投奔。刘备得如此人才相助自然是大喜过望，很是器重他。很快，在对抗曹操时，徐庶大破八门金锁阵，为刘备立下了第一功。

和关羽一样，曹操也想要把徐庶招揽过来。可苦于没有办法，曹操一直没有行动。后来谋士程昱献上一计，说："徐庶此人很孝顺，我们可以用他母亲来威胁他，让他投入麾下。"此计过于卑鄙，但曹操反复思量，还是决定实施这个计划。

就这样，徐庶为了保护母亲，不得已辞别刘备前往曹营。好在曹操并没有对他母亲怎么样，徐庶这才放下心来。可是他被困曹营,想要脱身是难比登天啊!徐庶的母亲知道了儿子是离开了主公来救她的,十分愤怒。她虽是一介女流,但也知道背叛是不仁义的!所以她选择了自尽,不想再给徐庶增添麻烦。母亲身死,徐庶无比悲痛,他对曹操的恨意也到达了顶峰。所以他不为曹操献任何计策,缄口不言。不管曹操怎样招揽,他都不为所动。

季氏十六

小朋友们,这篇主要包括两个方面的内容:一方面是承接上面一篇的什么样的人才是"君子"的内容,继续讲述君子应该警惕什么,敬畏什么,思考什么。另一方面,通过叙述孔子对当时的一些政治事件的点评,反映出孔子对当时战争不断状况的不满,从中可以看到孔子的"仁政"思想。

zǐ yuē　　shì yú jūn zǐ yǒu sān qiān　　　yán wèi jí zhī
子曰："侍于君子有三愆(过失):言未及之

ér yán wèi zhī zào　　yán jí zhī ér bù yán wèi zhī yǐn　　wèi jiàn yán sè
而言谓之躁,言及之而不言谓之隐,未见颜色

ér yán wèi zhī gǔ
而言谓之瞽(盲人)。"

英译 ·

The Master said, "There are three kinds of mistakes a person is likely to **commit** when attending a gentleman. To speak when it is not one's turn to speak is being **impetuous**. Not to speak when it is one's turn to speak is being **evasive**. To speak without taking notice of the other person's **expression** is being blind."

子	日								

释 义

孔子说："侍奉在君子旁边陪他说话,要注意避免三种过失:还没有问到你的时候就说话,这是急躁;已经问到你的时候你却不说,这叫隐瞒;不看君子的脸色而贸然说话,这是瞎子。"

启 示

说话是一门艺术,把话说好并不是一件容易的事,这里孔子给了我们一些有益的指导:说话应择时择人,视情况而定。除了这章教授的说话之道,回顾前面几章,主要讲的都是社会交往过程中应当注意的问题:交朋友要结交那些正直、诚信、见闻广博的人,而不要结交那些逢迎谄媚、花言巧语的人,要用礼乐调节自己,多多地称赞别人的好处,与君子交往要注意不急躁、不隐瞒等,这些对我们都有一定的帮助呢!

commit
[kəˈmɪt]
v. 犯(罪或错等)

impetuous
[ɪmˈpetʃuəs]
adj. 冲动的，鲁莽的

evasive
[ɪˈveɪsɪv]
adj. 推托的，推诿的

expression
[ɪkˈspreʃn]
n. 表情，神色

 我会写

commit

impetuous

evasive

expression

zǐ yuē　shēng ér zhī zhī zhě　shàng yě　xué ér zhī zhī zhě
子曰:"生而知之者,上也;学而知之者,

cì yě　kùn 　　　　　　　　ér xué zhī　yòu qí cì yě　kùn ér bù
次也;困(遇到困难)而学之,又其次也;困而不

xué　mín sī wéi xià yǐ
学,民斯为下矣。"

英译·

The Master said, "Those who are born with knowledge are at the top. Next are those who **acquire** knowledge through learning. Behind them are those who have difficulties **absorbing** knowledge but are still determined to learn. And at the **bottom** are people who have difficulties absorbing knowledge and do not even **attempt** to learn."

写一写

子 日

孔子说："生来就知道知识的人，是上等人；经过学习才知道的人，是次一等的人；遇到困难后去学习的人，是又次一等的人；遇到困难还不去学习的人，就是最下等的人了。"

同学们，读了这句话，我们可以明白孔子是希望人们要勤奋好学，不要等遇到困难了再去学习。但如果你遇到困难仍然不去学习，就实在不应该了。

acquire

[əˈkwaɪə(r)]

v.(通过努力)

获得

---

absorb

[əbˈzɔːb]

v.理解,掌握

---

bottom

[ˈbɒtəm]

n.底部

---

attempt

[əˈtempt]

v.企图,试图

我会写

acquire

absorb

bottom

....
....
_____
....

attempt

....
....
_____
....

zǐ yuē　　jūn zǐ yǒu jiǔ sī　　shì sī míng　tīng sī cōng　　sè
子曰："君子有九思：视思明，听思聪，色

sī wēn（wēn hé）　mào sī gōng　yán sī zhōng　shì sī jìng　　yí sī wèn
思温（温和），貌思恭，言思忠，事思敬，疑思问，

fèn sī nàn（hòu guǒ）　jiàn dé sī yì
忿思难（后果），见得思义。"

英译·

The Master said, "There are nine things the gentleman gives thought to: he aims to be clear in vision, keen in hearing, **amicable** in his expression, **courteous** in his manners, **conscientious** in carrying out his words, and respectful in attending to his responsibilities; and when he is in doubt, he asks questions; when he is angry, he reflects on the unwanted **consequences** this could cause; when he sees a chance for gain, he asks whether it is right."

子 曰

孔子说:"君子有九种要思考的事:看的时候,要思考是否看清;听的时候,要思考是否听清楚;自己的脸色,要思考是否温和;容貌要思考是否谦恭;言谈的时候,要思考是否忠诚;办事要思考是否谨慎严肃;遇到疑问,要思考是否应该向别人询问;愤怒时,要思考是否有后患;获取财利时,要思考是否合乎义的准则。"

启 示

　　本句话中，孔子通过谈论"君子有九思"，把人言行举止的各个方面都考虑到了。他要求自己和学生们的一言一行都要认真思考和自我反省。这句话包括个人道德修养的各种规范，如温、良、恭、俭、忠、仁、义、礼、智等。所有这些，是孔子关于道德修养学说的组成部分。

英语卡片

amicable
[ˈæmɪkəbl]
adj. 友善的，心平气和的

courteous
[ˈkɔːtiəs]
adj. 恭敬的，谦恭的

conscientious
[ˌkɔnʃiˈenʃəs]
adj. 认真的，一丝不苟的

consequences
[ˈkɔnsɪkwənsɪz]
n. 结果，后果

amicable

courteous

conscientious

consequences

zǐ yuē jiàn shàn rú bù jí jiàn bú shàn rú tàn tāng
子曰："见善如不及,见不善如探汤(开水)。
kāi shuǐ

wú jiàn qí rén yǐ wú wén qí yǔ yǐ yǐn jū yǐ qiú qí zhì
'吾见其人矣,吾闻其语矣。'隐居以求其志,

xíng yì yǐ dá qí dào wú wén qí yǔ yǐ wèi jiàn qí rén
行义以达其道。'吾闻其语矣,未见其人

yě
也。'"

英译 ·

The Master said, "Seeing goodness, he acts as if it is running ahead of him and he is not able to catch up. Seeing what is not good, he acts as if he is **recoiling** from the touch of hot water. 'I have known people like this, and I have heard such an **expression**.' He lives in **reclusion** in order to **pursue** his purpose. He practices what is right in order to attain the moral way. 'I have heard such an expression but have not yet known someone like this. ' "

子 曰

孔子说:"看到善良的行为,就担心做不到,看到不善良的行动,就好像把手伸到开水中一样赶快避开。'我见到过这样的人,也听到过这样的话。'以隐居避世来保全自己的志向,依照义而贯彻自己的主张。'我听到过这种话,却没有见到过这样的人'"

　　同学们，不知道你有没有发现在你的身边有这样一些人，他们不应该看的东西，坚决不看，不应该说的事情，不去乱说，不应该听的，坚决不听。这些人其实是有思想、有目标的人。

　　所以说，同学们，"志"特别重要。我们不要庸庸碌碌，不要忘记自己的最终目的，也不要抱怨社会，更不要铤而走险，做些坏事。不因为没机会，就胡作非为，而是时刻准备着，为自己的志向和未来努力奋斗。

英语卡片

recoil	expression
[rɪˈkɔɪl]	[ɪkˈspreʃn]
v.退缩，畏缩	n.神色，措辞

reclusion	pursue
[rɪˈkluːʒən]	[pəˈsjuː]
n.隐遁，隐居生活	v.追求，致力于

recoil

expression

reclusion

pursue

qí jǐng gōng yǒu mǎ qiān sì sǐ zhī rì mín wú dé ér chēng

齐景公有马千驷，死之日，民无德而称（称

sòng   yān   bó yí   shū qí   è   yú shǒu yáng zhī xià   mín dào yú jīn

颂）焉。伯夷、叔齐饿于首阳之下，民到于今

chēng zhī   qí sī zhī wèi yǔ

称之。其斯之谓与？

英译

Qi Jinggong had four thousand horses. On the day he died, people could not find anything **praise** worthy to say about him. Bo Yi and Shu Qi died of hunger at the foot of **Mount** Shouyang. **Up to** this day people still sing praise of them. This is what it means.

写一写

齐景公

释　义

　　齐景公有马四千匹，死的时候，百姓们觉得他没有什么德行可以称颂。伯夷、叔齐饿死在首阳山下，百姓们到现在还在称颂他们。说的就是这个意思吧。

启　示

　　同学们，首先从这段话中来认识几位人物：伯夷和叔齐，他们是商朝时的贤人。周建立后，他们因为不食周粟，饿死在首阳山下，但是他们高尚的情操一直被后世称道。齐景公呢，据说他曾养了三名勇士，即公孙接、田开疆、古冶子。大臣晏婴因为这三士无礼而向齐景公谏言要铲除他们，于是准备了两个桃子给三位壮士吃。结果三人相争，每个都认为自己功劳最大，最后三名勇士自相残杀，这就是"一朝被谗言，二桃杀三士"的典故。

　　这段话让我们明白了，被人们称道的人不一定是有钱有权的人，只有拥有高尚情操和优秀品德的人才能流芳百世。汉代史学家、文学家司马迁有一句名言就很好地做了概括："人固有一死，或重如泰山，或轻如鸿毛。"

praise	mount	up to
[preɪz]	[maʊnt]	一直，到
n.赞扬，称赞	n.山，山峰	

 我会写

praise

mount

up to

tā rì yòu dú lì lǐ qū (快步走过) ér guò tíng
"他日，又独立，鲤趋（快步走过）而过庭。

yuē xué lǐ hū duì yuē wèi yě bù xué lǐ wú yǐ
曰：'学礼乎？'对曰：'未也。''不学礼，无以

lì lǐ tuì ér xué lǐ
立。'鲤退而学礼。"

英 译·

"Another day, he was again standing there by himself, and as I crossed the courtyard with quickened steps, he said, 'Have you learned the rites?' I answered, 'Not yet.' He said, ' Unless you learn the rites, you won't be able to find your balance.' I then went back and learned the rites."

写一写

"他日

197

（此处为空白田字格练习区）

释　义

又有一天，他又独自站在堂上，我快步从庭里走过，他说：'学礼了吗？'我回答说：'没有。'他说：'不学礼就不懂得怎样立身。'我回去就学礼。"

启　示

学习"礼"是十分必要的，是我们成长成才的关键。在日常学习生活中，一定要注重约束自己的言行，培养自己的德行，以规范严格的标准要求自己。

rites

[raɪts]

n.(宗教等的)仪式,典礼

我会写

rites

管宁割席

　　东汉时期的管宁与华歆是同窗挚友。两人打扫庭院的时候,在草丛中发现一块金子,管宁视而不见,弃之如敝履,继续劳作。华歆看到金子欣喜若狂,马上捡起收藏起来。两人经常一起同案读书,当窗外传来达官显贵乘车路过时鸣锣开道的声音,管宁视若无睹,继续刻苦攻读。华歆却总是跑去看热闹,对权势富贵非常羡慕。

　　经过很多类似的事情,管宁觉得华歆与自己并非志同道合的朋友,就割席断交。

后 记

"我的第一本双语国学书"系列丛书,是安徽师范大学出版社倾力打造的少儿双语国学图书品牌,其目的在于深入发掘中华优秀传统文化的深厚资源和丰富内涵,促进少儿亲近传统文化,夯实英语基础,拓展阅读视野。

《论语》(双语读本)作为系列丛书的第一套,率先与读者见面。选择《论语》,是因为它的传播广,受众多,文本本身理解难度不大,适宜中小学生阅读。编写过程中,我们组织了一些高校、党校及重点中学国学研究领域的专家,精选了《论语》中言简意赅、富含大道的经典名句,并详解要义,点明主旨,帮助少儿读者从先贤的思想荟萃中领悟人生智慧。同时,我们还邀请了美国中阿肯色大学孔子学院院长庄国欧先生、该校教授 Nicholas Brasovan 等专事中国哲学研究的学者结合众多前人翻译成果,对《论语》的英译文本进行优化,使得其表达流畅规范,既符合少儿理解水平,又能很好地表达出了国学经典的深刻寓意和文化魅力。

书中板块经过精细设计,能够符合广大小读者的学习需求,包括经典原文、英译文本、摹写、释义、启示、英文单词学习和小故事等。书中收录的《论语》文本价值指向明确,贴近少儿生活,符合少儿健康成长的实际。对于较长的《论语》原文,丛书节选了其中耳熟能详的部分,帮助小读者们抓住学习重点,降低学习难度。原文选段中古今异义的词语,均在夹注中简要说明了该词在句中含义和今义。丛书的释义和启示部分参考了程树德的《论语集释》和杨伯峻的《论语译注》,二书都是学界公认的解读《论语》较为权威的版本。释义部分根据读者水平调整为浅显易懂,明了直观的语言文字。启示部分点明原文选段所蕴含的深刻内涵,文字直白,风格活泼。英译部分以辜鸿铭、Arthur Waley 和 James Legge 等国内外《论语》翻译大家的译文为参考范本。这些文本释义权威,语言地道,国外读者认同度高。英文单词和短语按英译文本中出现的顺序排列,侧重对中华优秀传统文化的学习。丛书英文学习主旨突出,系统连贯。小故事的内容也充分体现了中华优秀传统美德,寓教于乐,帮助中小学生树立正确的价值观和人生观。

丛书的出版,得到了安徽师范大学出版社的大力支持,对于参与其中的工作人员一并表示感谢。希望广大中小学生读者通过本套丛书的学习,能够领略中华文化之精华、中华思想之绚烂。

囿于编者水平及时间仓促,书中难免有谬误之处,欢迎广大读者批评指正。

戴兆国

二〇二二年一月